SPANISH SHORT STORIES FOR BEGINNERS AND INTERMEDIATE LEARNERS

Learn Spanish and Build Your Vocabulary

2nd Edition

LANGUAGE GURU

Copyright © 2023.

All rights reserved. This book or parts thereof may not be reproduced in any form, stored in any retrieval system, or transmitted in any form by any means—electronic, mechanical, photocopy, recording, or otherwise—without prior written permission of the publisher, except as provided by United States of America copyright law.

ISBN: 978-1-950321-51-3

TABLE OF CONTENTS

Introduction 5
How to Use This Book 7
Capítulo uno: Enfermedad y medicina 9
Capítulo dos: Comida 18
Capítulo tres: Ejercicio 26
Capítulo cuatro: Aficiones 33
Capítulo cinco: Trabajo 41
Capítulo seis: Los animales y la naturaleza 48
Capítulo siete: Pueblo y ciudad 56
Capítulo ocho: Quedarse en casa 64
Capítulo nueve: La familia y las ocupaciones 72
Capítulo diez: Educación 80
About the Author 89
Did You Enjoy the Read? 91
Answer Key 93

INTRODUCTION

We all know that immersion is the tried and true way to learn a foreign language. After all, it's how we got so good at our first language. The problem is that it's extremely difficult to recreate the same circumstances when we learn a foreign language. We come to rely so much on our native language for everything, and it's hard to make enough time to learn a new one.

We aren't surrounded by the foreign language in our home countries. More often than not, our families can't speak this new language we want to learn. And many of us have stressful jobs or demanding classes that eat away at our limited energy and hours of the day. Immersion can seem like an impossibility.

What we can do, however, is gradually work our way up to immersion no matter where we are in life. And the way we can do this is through extensive reading and listening.

If you have ever taken a foreign language class, chances are you are familiar with intensive reading and listening. In intensive reading and listening, a small amount of text or a short audio recording is broken down line by line, and then, you are drilled on grammar endlessly.

Extensive reading and listening, on the other hand, is quite the opposite. You read a large number of pages or listen to hours and hours of the foreign language without worrying about understanding everything. You rely on context for meaning and try to limit the number of words you need to look up.

If you ask the most successful language learners, it's not intensive but extensive reading and listening that delivers the best results. Simply, volume is much more effective than explicit explanations and rote memorization.

To be able to read like this comfortably, you must practice reading in the foreign language for hours every single day. It takes a massive volume of text before your brain stops intensively reading and shifts into extensive reading.

This book hopes to provide a few short stories in Spanish you can use to practice extensive reading. These stories were written and edited by native Spanish speakers from Latin America. We hope these short stories help build confidence in your overall reading comprehension skills and encourage you to read more native material. They offer supplementary reading practice with a heavy focus on teaching vocabulary words.

Vocabulary is the number one barrier to entry to extensive reading. Without an active vocabulary base of 10,000 words or more, you'll be stuck constantly looking up words in the dictionary, which will be sure to slow down your reading early on. To speed up the rate at which you read, building and maintaining a vast vocabulary range is absolutely vital. This is why it's so important to invest as much time as possible into immersing yourself in native Spanish every single day. This includes both reading and listening as well as being around native speakers through any and all means possible.

We hope you enjoy the book and find it useful in growing your Spanish vocabulary and bringing you a few steps closer to extensive reading and fluency!

HOW TO USE THIS BOOK

To simulate extensive reading better, we recommend keeping things simple and using the short stories in the following manner. Read through each story just once and no more. In general, whenever you encounter a word you don't know, first try to guess its meaning using the surrounding context. If its meaning is still unclear and the word is in **bold**, check that chapter's vocabulary list for a simplified definition. If the unknown word is not in bold, a quick online dictionary search may be required.

In our vocabulary lists, we have strived both to include as many potentially new words and phrases as possible but also to keep each list as brief as possible. As a result, each list is quite expansive, but we did leave out several words that can be understood via context as well as the most basic words.

Our recommendation is to read each story silently. While reading aloud can seem beneficial for pronunciation and intonation, it's a practice more aligned with intensive reading. It will further slow down your reading pace and make it considerably more difficult for you to get into extensive reading. If you want to work on pronunciation and intonation, consider practicing these during study and review times rather than reading time. Alternatively, you could also speak to a Spanish tutor or a friend to practice what you learned.

After completing the reading for each chapter, test your knowledge of the story by answering the comprehension questions. Check your answers using the answer key located at the end of the book.

As a means of review, memorization of any kind is completely unnecessary for language acquisition. The actual language acquisition process occurs subconsciously, and any effort to memorize new vocabulary and grammar structures only stores this information in your short-term memory. Attempting to force new information into your long-term memory only serves to eat up your time and make it that much more frustrating when you can't recall it in the future.

If you wish to review new information that you have learned from the short stories, there are several options that would be wiser. Spaced Repetition Systems (SRS) allow you to cut down on your review time by setting specific intervals in which you are tested on information in order to promote long-term memory storage. Anki and the Goldlist Method are two popular SRS choices that give you the ability to review whatever information you'd like from whatever material you'd like.

Trying to actively review every single new thing you learn, however, will slow you down on your overall path to fluency. While there may be hundreds or even thousands of sentences you want to practice and review, perhaps the best way to go about internalizing it all is to forget it. If it's that important, it will come up through more reading and listening to more Spanish. Languages are more effectively acquired when we allow ourselves to read and listen to them naturally.

And with that, it is time to get started with our main character Alejandro and the ten stories about his life. Good luck, reader!

CAPÍTULO UNO: ENFERMEDAD Y MEDICINA

En los últimos días, Alejandro ha **presentado** dificultades para **respirar**. Tiene 30 años y es un poco extraño que alguien de su edad tenga este **síntoma**. Tal vez, si fuera **fumador**, las cosas **tendrían más sentido**, pero Alejandro nunca ha fumado un **cigarrillo** en su vida. Así que decidió ir a ver a su **médico** para **consultarle**.

Afortunadamente, pudo **programar una cita** para esa misma semana y hacerse revisar. Ya en el **consultorio** del médico, hubo un período de espera considerable antes de que el médico pudiera verlo. Alejandro había llevado un libro para leer en la sala de espera, pero le **resultaba** difícil **concentrarse**, dada su condición. Después de 20 minutos, comenzó a sentir un **dolor de cabeza desgarrador**. **Previendo** tal situación, tenía **analgésicos de venta libre** en su automóvil. Después de ir a buscarlos y de volver rápidamente, **tragó** las **pastillas** con agua del **bebedero** y dio un gran **suspiro de alivio**.

La **enfermera** llamó a Alejandro al consultorio 107 e hizo algunos **procedimientos de rutina**. Le tomó la **presión arterial**, **midió** su **altura** y su **peso** y le preguntó sobre el historial de problemas de **salud** de su familia. Alejandro tenía la suerte de no tener problemas de salud **hereditarios**. No tenía que preocuparse por **enfermedades cardíacas**, cáncer, diabetes ni artritis. La enfermera también le preguntó sobre todos y cada uno de los

medicamentos actuales que estaba tomando, pero él respondió que no tomaba ningún medicamento.

Después de registrar la información de Alejandro, la enfermera salió del consultorio y le dijo que el médico estaría con él **en breve**. **Apenas** dos minutos después, se encontró cara a cara con el hombre que podía ayudarle a aliviar su condición en poco tiempo. Ese hombre era el Dr. González y era muy amable. Los dos conversaron sobre el problema respiratorio de Alejandro y Alejandro entró en más detalles sobre su condición. **Experimentaba** dolores en el **pecho** durante todo el día, pero no tenía palpitaciones. Tenía un poco de **tos**, pero no **respiración sibilante**. El médico colocó su **estetoscopio** sobre el pecho de Alejandro y le **pidió** que respirara **profundamente** varias veces.

Con unos pocos **asentimientos** breves, parecía que el Dr. González había llegado a un **diagnóstico** final. Era **asma**. Le dijo que era **común** que los adultos, y no solo los niños, **desarrollaran** asma. Un **inhalador frenaría** sus síntomas de inmediato, pero era un medicamento que debía tomar por el resto de su vida para **mantener** los síntomas **a raya**.

Con la **receta** del Dr. González, Alejandro **se dirigió** hacia la **farmacia** para recibir su inhalador. La dejó en el **mostrador de atención al cliente** y luego comenzó a **pasear** por la tienda. **Pasaría algún tiempo** antes de que su receta estuviera lista, por lo que, mientras tanto, examinó los diversos medicamentos que había en los **estantes**. Vio **toneladas** de productos para **tratar resfriados**, **alergias** y **gripe**. Incluso había tratamientos de venta libre para el **estreñimiento** y la diarrea.

El **farmacéutico** llamó a Alejandro, ya era hora de recoger su receta y regresar a casa. Mientras estaba en su automóvil en el **estacionamiento**, Alejandro tomó su primera **dosis** e instantáneamente se sintió mucho mejor. Le resultaba mucho más fácil respirar y sus dolores en el pecho disminuyeron. Estaba **agradecido** por el **milagro** de la **ciencia** y las medicinas modernas.

A lo largo de la prueba, Alejandro se había puesto a pensar en lo importante que eran para él su salud y su **cuerpo.** Estar en un estado constante de mala salud le **generaría** una muy mala **calidad de vida.** Su **dieta** sería el primer paso para comenzar a hacer mejoras.

Vocabulario

- **enfermedad y medicina** --- illness and medicine
- **presentar** --- to present, to introduce
- **respirar** --- to breathe
- **síntoma** --- symptom
- **fumador** --- smoker
- **tener sentido** --- to make sense
- **cigarrillo** --- cigarette
- **médico** --- doctor
- **consultar** --- to consult
- **programar una cita** --- to schedule an appointment
- **consultorio** --- office, doctor's office
- **resultar** --- to turn out, to end up
- **concentrar** --- to concentrate

- **dolor de cabeza** --- headache
- **desgarrador** --- excruciating
- **prever** --- to anticipate
- **analgésico** --- painkiller
- **de venta libre** --- over-the-counter
- **tragar** --- to swallow
- **pastilla** --- pill
- **bebedero** --- water fountain
- **suspiro de alivio** --- sigh of relief
- **enfermera** --- nurse
- **procedimiento de rutina** --- routine procedure
- **presión arterial** --- blood pressure
- **medir** --- to measure
- **altura** --- height
- **peso** --- weight
- **salud** --- health
- **hereditario** --- hereditary
- **enfermedad cardíaca** --- heart disease
- **medicamento** --- medicine
- **actual** --- current
- **en breve** --- shortly

- **apenas** --- just, barely
- **experimentar** --- to experience
- **pecho** --- chest
- **tos** --- cough
- **respiración sibilante** --- wheezing
- **estetoscopio** --- stethoscope
- **pedir** --- to ask for
- **profundamente** --- deeply
- **asentimiento** --- nod
- **diagnóstico** --- diagnosis
- **asma** --- asthma
- **común** --- common
- **desarrollar** --- to develop
- **inhalador** --- inhaler
- **frenar** --- to curb
- **mantener a raya** --- to keep at bay
- **receta** --- perscription
- **dirigirse** --- to head towards
- **farmacia** --- pharmacy
- **mostrador de atención al cliente** --- customer service desk
- **pasear** --- to go for a walk

- **pasar algún tiempo** --- to spend some time, to pass some time
- **estante** --- shelf
- **tonelada** --- ton
- **tratar** --- to treat
- **resfriado** --- cold (illness)
- **alergia** --- allergy
- **gripe** --- flu
- **estreñimiento** --- constipation
- **farmacéutico** --- pharmacist
- **estacionamiento** --- parking lot
- **dosis** --- dose
- **agradecido** --- grateful
- **milagro** --- miracle
- **ciencia** --- science
- **cuerpo** --- body
- **generar** --- to generate
- **calidad de vida** --- quality of life
- **dieta** --- diet

Preguntas de comprensión

1. ¿Qué tipo de fumador era Alejandro?
    A) Solo fumaba en eventos sociales.
    B) Fumaba un paquete al día.
    C) Sufría de enfisema.
    D) Nunca había fumado un cigarrillo en su vida.

2. ¿Cómo se libró Alejandro de su dolor de cabeza?
    A) El doctor lo curó.
    B) Tomó analgésicos.
    C) Usó un inhalador.
    D) La enfermera le masajeó la frente.

3. ¿Cuál de las siguientes NO se considera una enfermedad grave?
    A) Enfermedad cardíaca
    B) Tos
    C) Diabetes
    D) Cáncer

4. ¿Qué herramienta utiliza un médico para escuchar los sonidos internos de un cuerpo humano o animal?
    A) Prescripción
    B) Estetoscopio
    C) Diagnóstico
    D) Síntomas

5. ¿Qué hace un inhalador?
    A) Mantiene a raya los síntomas del asma.
    B) Evita que el asma se propague a otras personas.
    C) Evita que el asma se convierta en cáncer.
    D) Cura el asma por completo.

Spanish Short Stories for Beginners and Intermediate Learners

English Translation

For the past few days, Alejandro has had some difficulty breathing. He was 30 years old, and it was a bit odd for someone of his age to have this symptom. Maybe if he was a smoker, things would make more sense, but Alejandro has never smoked a cigarette in his life. He decided to go see his doctor about it.

Luckily, he was able to schedule an appointment that very week and get himself checked out. At the doctor's office, there was a considerable waiting period before you could be seen by the physician. Alejandro brought a book to read in the waiting room, but he found it hard to focus for very long, given his condition. After 20 minutes, he started to get a splitting headache. In anticipation of such a scenario, he kept over-the-counter pain relievers in his car. Following a quick trip and back, he washed down the pills with water from the water fountain and took a big sigh of relief.

The nurse called Alejandro back to room 107 and did some routine check-up procedures. She took his blood pressure, measured his height and weight, and asked about his family's history of health problems. Alejandro was fortunate enough to not have any hereditary health issues. There was no heart disease, cancer, diabetes, nor arthritis to worry about. The nurse also asked about any and all current drugs he was taking, but he replied that he doesn't take any medication.

After Alejandro's information was recorded, the nurse left the examination room and told him the doctor would be with him shortly. Just two minutes later, he was finally face to face with the man who could help cure him in no time. Dr. González was his name, and he was as friendly as could be. The two chatted about Alejandro's breathing issue, and Alejandro went into more detail about his condition. Chest pains were occurring throughout the day, but there were no heart palpitations. There was a little coughing but no wheezing. The doctor placed his stethoscope on Alejandro's chest and asked him to take a couple of deep breaths.

With a few subtle nods, it appeared Dr. González had reached a final diagnosis. It was asthma. He said it was common for adults to develop asthma and not just children. An inhaler would immediately curb his symptoms, but it's a medication he would be required to take for the rest of his life to keep his symptoms at bay.

Carrying his prescription from Dr. González, Alejandro headed towards the pharmacy to receive his inhaler. He dropped it off at the customer service desk then started to wander around the store. It would be some time until his prescription was filled, so he browsed the various medicines on the store's shelves. He saw tons of products to treat colds, allergies, and the flu. There were even over-the-counter treatments for constipation and diarrhea.

The pharmacist called out to Alejandro, for it was time to pick up his prescription and head back home. While out in his car in the parking lot, Alejandro took his first dose and instantly felt much better. It became significantly easier to breathe, and his chest pains subsided. He was grateful for the miracle of modern science and medicine.

Throughout the ordeal, it occurred to Alejandro how important his health and body were to him. Being in a constant state of bad health would make for a very poor quality of life. His diet would be the first place to start making improvements.

CAPÍTULO DOS: COMIDA

Alejandro ha estado a dieta durante cuatro semanas consecutivas y ya ha perdido cinco kilos. Su nueva dieta es muy **estricta**, pero él la sigue **rigurosamente**.

Para el **desayuno**, toma un **recipiente** pequeño de **avena cocida** en el **microondas** con agua o leche. También consume una **porción de fruta** con la avena, ya sea banana, **fresas** o mango. Y, por supuesto, ¿qué desayuno no estaría completo sin una **taza de café**?

Para el **almuerzo**, Alejandro prefiere una **comida ligera** para maximizar su pérdida de peso, por lo que generalmente come una **ensalada de espinacas**. Arriba de la ensalada pone **zanahorias, cebollas, pepinos**, crutones y **nueces**. Los **aderezos** tienden a tener muchas calorías, por lo que solo **agrega una pequeña cantidad**. Si la ensalada no lo **deja satisfecho**, también toma algo de **sopa**. Por lo general, toma sopa de tomate, ya que es su favorita.

Para la **cena**, hay algunas opciones **disponibles** dependiendo de lo que le **provoque** esa noche. Puede comer una **mezcla** de pasta y vegetales cocidos en **aceite de oliva** y **especias italianas**. O quizás **arroz y frijoles recubiertos** con una **salsa de ajo y cebolla**. También puede comer un **plato de curry tailandés** con **col rizada** y **batata**. Todas las opciones requieren un poco de cocina, pero al final **vale la pena**.

Todo iba bastante bien para Alejandro hasta que comenzó la quinta semana. Como muchos de nosotros, tiene un **trabajo estresante y exigente**, por lo que no tuvo tiempo suficiente para preparar cada comida. Su energía comenzó a disminuir, mientras que su **apetito** y su **hambre** comenzaron a aumentar rápidamente.

Pronto, el pequeño recipiente de avena para el desayuno se convirtió en un gran **tazón** de cereal **azucarado**. Y el café negro ahora estaba acompañado de una **crema de café** alta en calorías.

La ensalada para el almuerzo se convirtió en comida rápida, ya que Alejandro estaba llegando tarde a las **reuniones**. En un principio, bebía agua con cada comida, pero ahora la había **reemplazado** por **refrescos**.

Y la cena después de un tiempo se volvió **desesperante**. Alejandro llegaba a casa **agotado** del trabajo y no podía cocinar. Pizza, **helado**, **papas fritas** y **bocadillos** eran opciones mucho más fáciles que le ayudaban a **distraer** toda su **ansiedad**.

¡Varias semanas después, había **recuperado** las cinco kilos que había perdido e incluso había ganado cinco kilos adicionales! Este **fracaso** hizo que Alejandro se sintiera aún peor. **Juró** que para su próxima dieta sería incluso más estricto y comería aún menos **alimentos**.

Desafortunadamente, no se daba cuenta de que la **caída masiva** de calorías estaba causando una caída **igualmente** masiva en sus **niveles** de energía y creándole **antojos** por la **comida chatarra**. Necesitaría muchos **intentos** antes de darse cuenta de que comenzar su dieta con muchos **alimentos saludables** y reducir el consumo de calorías sería una decisión más inteligente.

Vocabulario

- **comida** --- food
- **estricto** --- strict
- **rigurosamente** --- rigorously
- **desayuno** --- breakfast
- **recipiente** --- container
- **avena** --- oatmeal
- **cocida** --- cooked
- **microondas** --- microwave
- **porción de fruta** --- a serving of fruit
- **fresa** --- strawberry
- **taza de café** --- cup of coffee
- **almuerzo** --- lunch
- **comida ligera** --- light meal
- **ensalada de espinaca** --- spinach salad
- **zanahoria** --- carrot
- **cebolla** --- onion
- **pepino** --- cucumber
- **nuez** --- nut
- **aderezo** --- (salad) dressing
- **agregar una pequeña cantidad** --- to add a small amount

- **dejar satisfecho** --- to fill up, to satisfy
- **sopa** --- soup
- **cena** --- dinner
- **disponible** --- available
- **provocar** --- to tempt, to provoke
- **mezcla** --- mix, mixture
- **aceite de oliva** --- olive oil
- **especias italianas** --- Italian spices
- **arroz y frijoles** --- rice and beans
- **recubierto** --- covered
- **salsa de ajo y cebolla** --- garlic and onion sauce
- **plato de curry tailandés** --- Thai curry dish
- **col rizada** --- kale
- **batata** --- sweet potato
- **vale la pena** --- it's worth it
- **trabajo estresante y exigente** --- stressful and demanding job
- **apetito** --- appetite
- **hambre** --- hunger
- **tazón** --- bowl
- **azucarado** --- sugary
- **crema de café** --- coffee creamer

- **reunion** --- meeting
- **reemplazar** --- to replace
- **refresco** --- soda
- **desesperante** --- hopeless
- **agotado** --- exhausted
- **helado** --- ice cream
- **papas fritas** --- french fries
- **bocadillos** --- snacks
- **distraer** --- to distract
- **ansiedad** --- anxiety
- **recuperar** --- to recover
- **fracaso** --- failure
- **jurar** --- to swear, to promise
- **alimento** --- food
- **caída masiva** --- massive drop
- **igualmente** --- equally
- **nivel** --- level
- **antojo** --- craving
- **comida chatarra** --- junk food
- **intento** --- attempt
- **alimento saludable** --- healthy food

Preguntas de comprensión

1. ¿Cuánto aderezo pone Alejandro en su ensalada?
    A) Ninguno en absoluto
    B) Una gran porción
    C) Un pequeño toque
    D) La inunda de aderezo

2. ¿Cuál es la comida favorita de Alejandro para cenar?
    A) Una mezcla de pasta y vegetales cocidos en aceite de oliva y especias italianas
    B) Arroz y frijoles recubiertos con salsa de ajo y cebolla
    C) Un plato de curry tailandés con col rizada y batata
    D) La historia no dice cuál es la comida favorita de Alejandro

3. ¿Qué comenzó a suceder durante la quinta semana de la dieta de Alejandro?
    A) Su energía comenzó a aumentar, mientras que su apetito y hambre comenzaron a disminuir rápidamente.
    B) Su energía comenzó a disminuir, mientras que su apetito y hambre comenzaron a aumentar rápidamente.
    C) Su energía permaneció igual mientras su apetito y hambre comenzaron a aumentar rápidamente.
    D) Su energía comenzó a disminuir, mientras que su apetito y hambre permanecieron iguales.

4. Generalmente se consideran pizzas, helados, papas fritas y bocadillos...
    A) comida sana.
    B) un desayuno bien equilibrado.
    C) comida chatarra.
    D) alimentos bajos en calorías.

5. Si Alejandro comenzó su dieta con 90 kilos, ¿cuántos kilos pesó al final de la historia?
   A) 85 kilos
   B) 90 kilos
   C) 95 kilos
   D) 100 kilos

English Translation

Alejandro has been on a diet now for four weeks and has already lost five kilos. His new diet is very strict, but he follows it extremely closely.

For breakfast, he eats a small bowl of oatmeal cooked in the microwave with either water or milk. He also has a serving of fruit with his oatmeal, like a banana, strawberries, or a mango. And of course, what breakfast would be complete without a cup of coffee?

For lunch, Alejandro prefers to eat a light meal to maximize his weight loss, so he usually has a spinach salad. On top of his salad, he puts carrots, onions, cucumbers, beans, croutons, and nuts. Dressing tends to have a lot of calories, so he adds just a small dab. If the salad does not fill him up, he'll also eat some soup. Usually, it's tomato soup, as that is his favorite.

For dinner, there are a few options available, depending on what he wants that night. He can have a pasta and vegetable mix cooked in olive oil and Italian spices. Or he can have rice and beans topped with a garlic and onion sauce. He can also have a Thai curry dish with kale and sweet potato. All choices require some cooking, but it's worth it in the end.

All was going pretty well for Alejandro until the fifth week started. Like many of us, he works a stressful and demanding job, so there wasn't always enough time to prepare every meal. His energy started dropping, while his appetite and hunger started rising rapidly.

Soon, the small bowl of oatmeal for breakfast became the large bowl of sugary cereal. And the black coffee was now drowned in a high calorie coffee creamer.

The salad for lunch turned into fast food meals, since Alejandro was always running late for meetings. Originally, he was drinking water with this meal as well as every meal, but now it was soda.

And dinner was just hopeless after a while. Alejandro would come home exhausted from work and could not bring himself to cook. Pizza, ice cream, french fries, and snacks were much easier choices and helped take his mind off all the anxiety.

Several weeks later, he had regained all five kilos he had lost and even gained an additional five kilos on top of that! The failure made Alejandro feel even worse. He vowed, for his next diet, that he would be even more strict and eat even less food.

Unfortunately, he doesn't realize that the massive drop in calories is causing an equally massive dip in his energy levels and cravings for junk food. It would take many attempts before he finally learned that starting his diet with lots of healthy foods and slowly cutting down calories would be the wiser move.

CAPÍTULO TRES: EJERCICIO

Alejandro decide que realmente debería empezar a hacer ejercicio para **cuidarse** mejor. Esto le ayudará a controlar su estrés e incluso le ayudará a perder el peso extra que ha ganado. A partir de la próxima semana, comenzará una rutina de **trote** en la que correrá cinco días a la semana.

El primer día, se levanta más temprano antes de irse a trabajar y se pone sus **zapatos tenis** con **ánimo** de empezar. Después de algunos **estiramientos** básicos, comienza a trotar y todo parece ir bien. A los dos minutos, sin embargo, Alejandro **está sin aliento**. Está **jadeando** y su respiración se vuelve muy pesada. Después de solo cinco minutos, el trote es reemplazado por **caminata**. Se da cuenta de la verdad. Está **fuera de forma**.

A medida que pasa el tiempo, los días se convierten en semanas. Las semanas se convierten en meses. Alejandro ahora puede correr continuamente durante 30 minutos seguidos. Dentro de un año o dos, piensa que podría correr una **maratón**. Si bien está **orgulloso** de su **mejoría**, el **realizar** solo cardio se ha vuelto extremadamente aburrido, por lo que el siguiente paso es realizar un cambio de rutina.

Los amigos de Alejandro, Daniel y Rubén, lo han invitado a **levantar pesas** después del trabajo, por lo que ellos **se reúnen** en el **gimnasio** para pasar un tiempo juntos. Deciden **comprometerse** a un programa de ejercicios cinco días a la semana en el que trabajarán una parte del cuerpo por semana: el pecho, la **espalda**, los **hombros**, las **piernas** y los **brazos**.

Cada día requiere un **esfuerzo intenso**, pero la **aceleración de endorfinas** al final de cada **entrenamiento** hace que valga la pena. Para **refrescarse**, **se relajan** caminando en las **cintas de correr** o **sudan** en el sauna durante 10 minutos.

Pasa algún tiempo, y Alejandro decide que el levantamiento de pesas no es una buena opción para él. Daniel y Rubén se han vuelto demasiado competitivos con esta práctica y la intensidad de los entrenamientos comienza a ser más dolorosa que divertida. Sin embargo, en el gimnasio **ofrecen** clases de yoga, por lo que Alejandro se registra, **ansioso** por comenzar.

Las clases enseñan una variedad de estiramientos y **posturas diseñadas** para **aflojar** el cuerpo y **calmar la mente**. Las lecciones no son fáciles de ninguna manera y hacen que todos los estudiantes suden. Sin embargo, no es tan intenso como el levantamiento de pesas. Y es mucho más divertido y **relajante** que correr. Alejandro sale de cada clase sintiéndose **fresco** y **entusiasmado** por regresar. Incluso comienza a **charlar** con algunas chicas guapas a las que espera ver todas las semanas. Es una rutina con un incentivo extra para mantenerse.

Vocabulario

- **ejercicio** --- exercise

- **cuidarse** --- to take care of oneself

- **trote** --- jogging

- **zapatos tenis** --- tennis shoes

- **ánimo** --- mood, spirit

- **estiramiento** --- stretching
- **estar sin aliento** --- to be out of breath
- **jadear** --- to pant, to gasp
- **caminata** --- long walk
- **fuera de forma** --- out of shape
- **maratón** --- marathon
- **orgulloso** --- proud
- **mejoría** --- improvement
- **realizar** --- to do, to carry out
- **levantar pesas** --- to lift weights
- **reunirse** --- to get together
- **gimnasio** --- gym
- **comprometerse** --- to commit to something
- **espalda** --- back
- **hombro** --- shoulder
- **pierna** --- leg
- **brazo** --- arm
- **esfuerzo intenso** --- intense effort
- **aceleración de endorfinas** --- endorphin rush
- **entrenamiento** --- training session
- **refrescarse** --- to cool down

- **relajarse** --- to relax
- **cinta de correr** --- treadmill
- **sudar** --- to sweat
- **ofrecer** --- to offer
- **ansioso** --- anxious, eager
- **postura** --- pose, stance, position
- **diseñar** --- to design
- **aflojar** --- to loosen
- **calmar la mente** --- to calm the mind
- **relajante** --- relaxing
- **fresco** --- refreshing, fresh
- **entusiasmado** --- excited, enthusiastic
- **charlar** --- to chat

Preguntas de comprensión

1. ¿Con qué tipo de zapatos corrió Alejandro?
    A) Botines con tacos
    B) Zapatos tenis
    C) Tacones altos
    D) Botas para correr

2. ¿Por qué Alejandro dejó de correr?
    A) Cumplió su objetivo.
    B) Estaba cansado de levantarse temprano.
    C) Estaba muy aburrido.
    D) No quería correr una maratón.

3. Alejandro, Daniel y Rubén se comprometieron a un programa de ejercicios que se centró en...
    A) pecho, espalda, hombros, piernas y brazos.
    B) pecho, espalda, carrera, piernas y cardio.
    C) pecho, natación, hombros, carrera y brazos.
    D) yoga, cardio, trotar, levantamiento de pesas y deportes.

4. ¿Cómo se relajan los amigos después de hacer ejercicio?
    A) Corren en las cintas mientras escuchan música.
    B) Hacen una rutina rápida de yoga de 10 minutos.
    C) Nadan en la piscina o toman una ducha caliente.
    D) Caminan en las cintas de correr o sudan en la sauna durante 10 minutos.

5. ¿Por qué Alejandro dejó de levantar pesas?
    A) Estaba muy aburrido.
    B) Los entrenamientos eran demasiado intensos y competitivos.
    C) Daniel y Rubén dejaron de hacerlo.
    D) Alejandro sufrió una lesión.

English Translation

Alejandro decides that he should really start taking better care of himself by exercising. It will help manage his stress and even help him lose the extra weight he put on. Starting next week, he will begin a jogging routine, where he will run five days a week.

On the first day, he wakes up extra early before work and puts on his tennis shoes, eager to get started. After some basic stretches, the jogging starts, and everything seems to go well. Within two minutes, however, Alejandro is out of breath. He's wheezing, and his breathing becomes super heavy. And after just five minutes, the jogging is replaced by walking. He realizes the truth. He is out of shape.

As time passes, days become weeks. Weeks become months. Alejandro is now able to run continually for 30 minutes. Within a year or two, he could be running a marathon, he thinks. While he's proud of his improvement, doing nothing but cardio has grown extremely boring, so a change of routine is the next step.

Alejandro's friends Daniel and Rubén have invited him to come lift weights after work, so they all meet at the gym, eager to spend some time together. They decide to commit to a workout program five days a week, where they will work one body part per week: chest, back, shoulders, legs, and arms.

Each day requires strenuous effort, but the endorphin rush at the end of each workout makes it all worth it. To cool down, the men relax by walking on the treadmills or sweating it out in the sauna for 10 minutes.

Some time passes, and Alejandro decides that weightlifting isn't a good fit for him. Daniel and Rubén get too competitive with it, and the intensity of the workouts has become more painful than fun. At the gym, however, they offer yoga classes, so Alejandro signs up, eager to start.

The classes teach a variety of stretches and poses designed to loosen the body and calm the mind. The lessons are not easy by any means, and they make all the students sweat. Yet, it's not as intense as weightlifting. And it's much more fun and relaxing than jogging. Alejandro leaves each class feeling refreshed and excited to come back for more. He even starts chatting with some pretty girls whom he looks forward to seeing every week. It's a routine with an extra incentive to maintain.

CAPÍTULO CUATRO: AFICIONES

"Sería muy agradable **hacer una cita** con alguna de las chicas de la clase", piensa Alejandro para sí mismo. "Con suerte, puedo encontrar algo en común con una de ellas y tal vez hacer una **conexión**".

Sus aficiones eran algo comunes. A todo el mundo le gusta ver televisión y **películas**, incluido Alejandro, ¿pero podría encontrar una chica a la que le gusten los **videojuegos**? Si no, ¿podría encontrar a alguna que fuera **aficionada** al **béisbol** profesional y al **baloncesto** tanto como él? Sería fantástico si tuviera a alguien con quien hablar sobre **política, historia y gobierno**.

La primera chica que conoció en la clase de yoga fue Sofía, que de inmediato le pareció muy inteligente. Era **gran lectora**, pero **principalmente** de libros de **ficción**. Su pasión era la literatura y podía hablar durante horas sobre el **argumento** de lo que estaba leyendo. **Además de eso**, pasaba mucho tiempo cuidando a su perro y llevándolo a dar **largos paseos**. Y, de vez en cuando, le gustaba tomar **vino** y ver películas de terror.

María era la segunda chica que conoció en la clase, aunque no siempre tenía mucho tiempo para hablar. Siempre tenía algo que hacer en algún lugar. Era **obvio** que estaba **en gran forma** y Alejandro, más tarde, se enteró de que era **atleta** y **entrenadora** de **fisiculturismo femenino**. Si no tenía una cita con un cliente, se mantenía ocupada en su **negocio**. María tenía muchos **seguidores** en las **redes sociales** y creó una **marca de ropa** con la que vendía **camisetas, sudaderas, sombreros y accesorios**. Se podría decir que era una **adicta al trabajo**, pero tenía que admitir que era muy **exitosa**.

La última chica con la que Alejandro pasó tiempo fue Lorena, quien era muy sociable. Ella tenía un gran círculo social de amigos con los que hablar y **pasar el rato**. Estaba claro que era muy **extrovertida**. Si no estaba enviando **mensajes de texto, salía con amigos** o se iba a beber o iba de **fiesta**. En las ocasiones en que Lorena decidía **quedarse en casa**, miraba **anime japonés** y **se divertía** con videojuegos.

Alejandro se sintió **atraído** por Lorena de inmediato, ya que finalmente había encontrado a alguien con quien podía **compartir, como nerds**, los juegos del momento y los **venideros**. Sus personalidades, sin embargo, no parecían **coincidir** muy bien. La **química** simplemente no estaba. Nunca parecían poder hablar de nada fuera de su hobby en común.

María realmente nunca tuvo mucho tiempo para hablar, pero Sofía estaba más que **dispuesta** a pasar tiempo con él. Alejandro la escuchaba hablar sobre todos sus libros favoritos e incluso ella lo **convenció** de que intentara leer **por medio de** audiolibros. Sofía no mostraba mucho interés en los **deportes** ni en la historia, pero se sentía atraída por la pasión y la energía que Alejandro **emitía** cada vez que hablaba sobre **temas** que le interesaban. Su **mutuo** interés en los **asuntos** de cada uno fue suficiente para empezar a salir.

Vocabulario

- **aficiones** --- hobbies
- **hacer una cita** --- to go on a date, to make a date
- **conexión** --- connection
- **película** --- movie
- **videojuegos** --- video games
- **aficionado** --- fan, fond of
- **béisbol** --- baseball
- **baloncesto** --- basketball
- **política** --- politics
- **historia** --- history
- **gobierno** --- government
- **gran lector** --- big reader
- **principalmente** --- mainly
- **ficción** --- fiction
- **argumento** --- plot, story line, argument
- **además de eso** --- on top of that
- **largo paseo** --- long walk
- **vino** --- wine
- **obvio** --- obvious
- **en gran forma** --- in great shape

- **atleta** --- athlete
- **entrenador** --- coach
- **fisiculturismo** --- bodybuilding
- **femenino** --- female, women's
- **negocio** --- business
- **seguidores** --- followers
- **redes sociales** --- social media
- **marca de ropa** --- clothing brand
- **camiseta** --- T-shirt
- **sudadera** --- sweat shirt
- **sombrero** --- hat
- **accesorio** --- accessory
- **adicto al trabajo** --- workaholic
- **exitoso** --- successful
- **pasar el rato** --- to hang out
- **extrovertido** --- extrovert
- **mensaje de texto** --- text message
- **salir con amigos** --- to go out with friends
- **fiesta** --- partying
- **quedarse en casa** --- to stay home
- **anime japonés** --- watch Japanese anime

- **divertirse** --- to have fun
- **atraído** --- attracted
- **compartir como nerds** --- to nerd out
- **venidero** --- upcoming, future
- **coincidir** --- to match, to coincide
- **química** --- chemistry
- **dispuesto** --- willing
- **convencer** --- to convince
- **por medio de** --- by means of
- **deporte** --- sport
- **emitir** --- to emit
- **tema** --- topic
- **mutuo** --- mutual
- **asunto** --- matter, issue

Preguntas de comprensión

1. Si usted tiene algo en común con alguien, significa que...
   A) los dos se gustan.
   B) los dos están enamorados.
   C) no se gustan.
   D) tienen un pasatiempo en común en el que ambos están interesados.

2. La política, la historia y el gobierno son típicamente considerados...
   A) ficción.
   B) no ficción.
   C) literatura.
   D) Todas las anteriores

3. María no solo era atleta y entrenadora de fisiculturismo femenino, sino también...
   A) propietaria de una empresa.
   B) alcohólica.
   C) instructora de yoga.
   D) muy sociable.

4. ¿Cuál de las siguientes opciones describe mejor a una persona extrovertida?
   A) Alguien que es ruidoso y molesto.
   B) Alguien que es valiente y atrevido.
   C) Alguien que es locuaz y sociable.
   D) Alguien tímido y reservado.

5. ¿Qué pareja tuvo la mejor química al final?
   A) Alejandro y Lorena
   B) Alejandro y María
   C) Alejandro y Sofía
   D) Alejandro y la instructora de yoga

English Translation

"It would be really nice to go on a date with one of those girls from class," Alejandro thinks to himself. "Hopefully, I can find something in common with one of them and maybe make a connection."

His hobbies were somewhat relatable. Everybody likes watching TV and movies, including Alejandro, but would he be able to find a girl who likes video games? If not, could he find someone into professional baseball and basketball as much as he was? It would be amazing if he had someone to talk to about politics, history, and government.

The first girl he met from yoga class was Sofía, who seemed really smart right away. She was a big reader, but of fiction rather than non-fiction. Her passion was literature, and she could talk for hours about the current story she was reading. Besides that, she spent a lot of time taking care of her dog and taking him for long walks. And occasionally, she'd treat herself to a bottle of wine and watch horror movies.

María was the second girl he got to know from class, although she didn't always have a lot of time to talk. There was always somewhere she needed to be. It was obvious that she was extremely fit and in great shape, and Alejandro later learned that she was a female bodybuilding athlete and coach. If she didn't have an appointment with a client, she was busy building her business. María had a big social media following and built a clothing brand that sold T-shirts, sweat shirts, hats, and accessories. You could say she was a workaholic, but you had to admit she was very successful.

The last girl Alejandro spent time with was Lorena, who was a bit of a social butterfly. She had a large social circle of friends to talk to and hang out with. It was clear that she was an extrovert. If she wasn't texting, she was out with friends, drinking and clubbing. On the occasion that she did decide to stay home, Lorena would watch Japanese anime and play video games.

Alejandro was immediately drawn to Lorena, as he finally found someone he could nerd out with about current and upcoming games. Their personalities, however, didn't seem to match very well. The chemistry just wasn't there. They never seemed to be able to talk about anything outside of their mutual hobby.

María never really had much time to talk, but Sofía was more than willing to spend some time with him. Alejandro listened to her talk about all her favorite books and even convinced him to try reading a book via audiobooks. Sofía didn't show much interest in sports or history, but she was attracted to the passion and energy Alejandro emitted whenever he spoke about subjects he cared about. Their mutual interest in one another was enough for them to start dating.

CAPÍTULO CINCO: TRABAJO

Aunque la vida social de Alejandro está **floreciendo**, no ocurre lo mismo con su actividad laboral. Trabaja en una **oficina** para una **compañía de seguros**, y aunque la **paga** es buena, la **carga de trabajo** es **abrumadora**.

Cada mañana revisa el **correo electrónico** de su trabajo para encontrar 50 **solicitudes** nuevas que deben **procesarse** de inmediato. Si no procesa y **despacha** rápidamente los correos electrónicos antes del almuerzo, **se atrasará** y **lo más probable** es que termine trabajando horas extras. Es extremadamente estresante y más cuando su **jefe** lo está mirando por encima del hombro.

El jefe de Alejandro tiene que ser estricto con todos los **empleados**. Un error que se presente, podría costarle a la **empresa** una **pequeña fortuna**. No solo el empleado **sería duramente reprendido**, sino también el jefe.

El tema de seguros es un negocio difícil. No es para débiles. Las reuniones, los documentos y las regulaciones son de **suma importancia** y no pueden **permitirse** perder u olvidar nada. ¡Podría **ser despedido** por ello!

"¿Cómo voy a **llegar a la jubilación**?", se pregunta Alejandro al menos una vez a la semana. Y tiene suerte si esta pregunta solo **surge** una vez por semana. El estrés y la ansiedad lo están **llevando al límite**. Es solo cuestión de tiempo para que él **desista**.

¿Cómo habría sido la vida si hubiera elegido una **carrera** universitaria diferente? ¿Y si se hubiera **metido** en **informática**? ¿Habría disfrutado más la **programación**? ¿Qué pasaría si se hubiera esforzado más cuando jugaba en el **equipo** de béisbol de la universidad? ¿Habría llegado a nivel profesional? ¿Qué habría pasado si hubiera sido gamer profesional en la **escuela secundaria** y se hubiera **ganado la vida** con videojuegos? Habría sido un sueño hecho realidad.

Desafortunadamente, la vida no había sido así para Alejandro. Puede que se haya quedado con un trabajo que odia, pero al menos tiene la esperanza de que las cosas cambien. Muchos de sus **compañeros de trabajo** parecen no tener esa misma esperanza. La depresión y la ansiedad son comunes en su **lugar de trabajo**, pero hay un grupo de **colegas** con los que es divertido hablar y **bromear** para **aligerar el estado de ánimo**. Ellos hacen que sea un poco más fácil **superar** cada día. Eso hace toda la diferencia.

Hay otros, sin embargo, que parecen estar absolutamente **aplastados** por la **dureza** de la vida y ahora son solo **vestigios** de lo que alguna vez fueron. Esas personas asustan a Alejandro más que cualquier jefe.

Pero, ¿cuándo cambiarán las cosas? ¿Cómo van a cambiar? Lo único cierto es que algo debe cambiar.

Vocabulario

- **trabajo** --- work
- **florecer** --- to bloom
- **oficina** --- office
- **compañía de seguros** --- insurance company
- **paga** --- pay, salary

- **carga de trabajo** --- workload
- **abrumador** --- overwhelming
- **correo electrónico** --- email
- **solicitud** --- request, application
- **procesarse** --- to process
- **despachar** --- to deal with
- **atrasarse** --- to fall behind
- **lo más probable** --- most likely
- **jefe** --- boss
- **empleado** --- employee
- **empresa** --- company
- **pequeña fortuna** --- small fortune
- **ser duramente reprendido** --- to be disciplined harshly
- **suma importancia** --- utmost importance
- **permitirse** --- to allow oneself
- **ser despedido** --- to be fired
- **llegar a la jubilación** --- to make it to retirement
- **surgir** --- to arise
- **llevar al límite** ---- to push to the limit
- **desistir** --- to give up
- **carrera universitaria** --- college degree

- **metido** --- involved
- **informática** ---- computing, computer science
- **programación** --- programming
- **equipo** --- team
- **escuela secundaria** --- high school
- **ganar la vida** --- to earn a living
- **compañero de trabajo** --- co-worker
- **lugar de trabajo** --- workplace
- **colega** --- colleague
- **bromear** --- to joke
- **aligerar el estado de ánimo** --- to lighten the mood
- **superar** --- to overcome
- **aplastado** --- crushed
- **dureza** --- harshness
- **vestigio** --- remnant, vestiage

Preguntas de comprensión

1. ¿Qué pasará si Alejandro no procesa y envía rápidamente los correos electrónicos antes del almuerzo?
    - A) Será despedido y enviado a casa inmediatamente.
    - B) Podrá irse a casa temprano y jugar videojuegos en su computadora.
    - C) No será elegible para una promoción durante los próximos cinco años.
    - D) Se le hará tarde y lo más probable es que tenga que trabajar horas extras.

2. ¿Quién podría ser reprendido por un error en la oficina?
    - A) El empleado
    - B) El jefe
    - C) El empleado y el jefe
    - D) Solo Alejandro

3. A lo largo de su vida, Alejandro ha considerado múltiples carreras excepto…
    - A) enseñar en un instituto.
    - B) convertirse en un jugador profesional.
    - C) jugar al béisbol a nivel profesional.
    - D) convertirse en un programador de computadoras.

4. Colega es otra palabra para…
    - A) jefe.
    - B) amigo.
    - C) supervisor.
    - D) compañero de trabajo.

5. Aquellos que se encuentran aplastados por la dureza de la vida están muy probablemente experimentando...
   A) un malestar estomacal.
   B) depresión y ansiedad.
   C) sueños que se hacen realidad.
   D) un alivio del ánimo.

English Translation

While Alejandro's social life was blooming, his life at work was the polar opposite. He works at an office for an insurance company, and while the pay is good, the workload is overwhelming.

Each morning, he checks his work email to find 50 new requests that have to be immediately dealt with. If he doesn't quickly dispatch and process the emails before lunch, he will get caught behind schedule and most likely have to work overtime. It's extremely stressful and more so when his boss is watching him over his shoulder.

Alejandro's boss has to be strict with all the employees. One mistake and it could cost the company a small fortune. Not only will the employee be disciplined harshly, but the boss will be too.

Insurance is a difficult business to work in. It is not for the weak. Meetings, documents, and regulations are all of the utmost importance, and you cannot afford to miss or forget anything. You could be fired for it!

"How am I going to make it to retirement?" Alejandro asks himself at least once a week. And he's lucky if this question only comes up once that week. Stress and anxiety are pushing him to his limits. It's only a matter of time before he breaks.

What would life have been like if he had chosen a different college degree? What if he went into computer science? Would he have enjoyed programming more? What if he pushed himself harder while playing for the college baseball team? Would he have made it to the professional level? What if he had made it as a pro-gamer back in high school and got to play video games for a living? It would have been a dream come true.

Life didn't turn out that way for Alejandro, unfortunately. He might be stuck with a job he hates, but at least he has hope things will change. Many of his co-workers seem to lack that same hope. Depression and anxiety are common in his workplace, but there are a handful of colleagues who are fun to talk to and crack jokes with to lighten the mood. They make it just a little easier to get through each day. That makes all the difference.

There are others, though, who seem to be absolutely crushed by the harshness of life and are now just shells of their former selves. Those people scare Alejandro more than any boss ever has.

But when will things change? How will they change? The only thing that is certain is that something must change.

CAPÍTULO SEIS: LOS ANIMALES Y LA NATURALEZA

Para aliviar algo del estrés y de la ansiedad que había estado **padeciendo** durante bastante tiempo, Alejandro comenzó una caminata por la naturaleza. Había escuchado que pasar un día o dos en las **montañas** haría **maravillas** para él y su salud mental. El **aislamiento** le daría a su mente tiempo y espacio para **desintoxicarse** y refrescarse. Los animales serían sus únicos **compañeros** durante la caminata.

Su casa estaba **ubicada** en un **complejo de apartamentos**, por lo que era bastante **raro** ver **vida silvestre**, fuera de una **ardilla** ocasional. Las **marmotas** y los **zorros** eran aún más raros de ver. Debido a que él pasaba todo su tiempo en **interiores**, veía principalmente **arañas** y **ciempiés domésticos**. No era particularmente aficionado a estos últimos.

No había que conducir mucho tiempo para llegar a las montañas, ya que la ciudad en la que vivía estaba cerca de una **cadena montañosa**. **Estacionó** y al salir de su vehículo se sintió bienvenido por algunos **venados** que **pastaban** en un **campo abierto**. Lentamente tomaban la **hierba** y **movían sus colas**, sin **prestar mucha atención** a Alejandro. Entonces, de repente, un **sonido retumbante** que venía de muy lejos hizo que **se**

dispersaran frenéticamente. Era el sonido de un **disparo**. La **temporada de caza** había comenzado.

Alejandro no estaba seguro de por dónde empezar a caminar, pero su pregunta fue respondida cuando vio a otros **excursionistas** caminando hacia un claro en el **bosque**. ¡Y qué hermoso bosque era! Los **árboles de hoja perenne** y el sol **brillando** a través de ellos mostraban una **escenografía impresionante**. El **lago** se sumaba a la inmensidad del lugar, y una sensación de pequeñez golpeó a Alejandro desde lo más profundo.

Podía ver la vida **fluyendo** a través de cada pequeño **arbusto**, insecto y pájaro con el que se encontraba. Se podía sentir una **armonía pacífica** en el aire. Claro, había **osos** y **leones de montaña** en algún lugar, pero también **formaban** parte del **ecosistema** que conectaba toda la vida en el bosque. Las **ranas** en la **orilla** del lago tenían tanta vida como los **castores** que construían sus **diques**. Podían ser **criaturas** diferentes, pero ambas formaban pequeños fragmentos del mismo mundo. Fueron hechas de los mismos elementos químicos que se encuentran dispersos por todo el universo.

Mientras el sol se ponía, era cada vez menos seguro permanecer en el bosque. Sería mejor **evitar** a los **depredadores** nocturnos, por lo que Alejandro regresó a su automóvil. Agotado por el viaje, se sentó en su coche **preguntándose** sobre la próxima vez en que volvería. Definitivamente habría una próxima vez y, definitivamente, tendría que ser con Sofía.

Vocabulario

- **los animales y naturaleza** --- animals and nature
- **padecer** --- to suffer from, to put up with
- **montaña** --- mountain
- **maravillar** --- to amaze
- **aislamiento** --- isolation
- **desintoxicarse** --- to detox
- **compañero** --- companion
- **ubicar** --- to locate
- **complejo de apartamentos** --- apartment complex
- **raro** --- rare
- **vida silvestre** --- wildlife
- **ardilla** --- squirrel
- **marmota** --- groundhog
- **zorro** --- fox
- **interior** --- indoor
- **araña** --- spider
- **ciempiés domésticos** --- house centipede
- **cadena montañosa** --- mountain range
- **estacionar** --- to park
- **venado** --- deer

- **pastar** --- to graze
- **campo abierto** --- open field
- **hierba** --- grass
- **mover su cola** --- to wag one's tail
- **prestar atención** --- to pay attention
- **sonido retumbante** --- booming sound
- **dispersarse** --- to scatter
- **frenéticamente** --- frantically
- **disparo** --- gunshot
- **temporada de caza** --- hunting season
- **excursionista** --- hiker
- **bosque** --- forest
- **árbol de hoja perenne** --- evergreen tree
- **brillar** --- to shine
- **escenografía** --- scenery
- **impresionante** --- impressive
- **lago** --- lake
- **fluir** --- to flow
- **arbusto** --- bush
- **armonía pacífica** --- peaceful harmony
- **oso** --- bear

- **leon de montaña** --- mountain lion
- **formar** --- to form
- **ecosistema** --- ecosystem
- **rana** --- frog
- **orilla** --- shore
- **castor** --- beaver
- **dique** --- dam, dike
- **criatura** --- creature
- **evitar** --- to avoid
- **depredador** --- predator
- **preguntarse** --- to wonder

Preguntas de comprensión

1. ¿A dónde fue Alejandro para su caminata en la naturaleza?
    A) Debajo de las montañas
    B) Dentro de las montañas
    C) Sobre las montañas
    D) En las montañas

2. ¿Qué animales de vida silvestre Alejandro NO ve en los alrededores de su departamento?
    A) Ardillas
    B) Osos
    C) Marmotas
    D) Zorros

3. ¿Qué hacían los venados en el campo abierto?
    A) Miraban de reojo.
    B) Comían pasto.
    C) Disparaban armas.
    D) Cazaban animales más pequeños.

4. ¿Cómo hizo sentir el bosque a Alejandro?
    A) La inmensidad del área hizo que Alejandro se sintiera pequeño.
    B) La apertura del área hizo que Alejandro se sintiera agotado.
    C) La vaguedad del área hizo que Alejandro se sintiera ansioso.
    D) La pequeñez del área hizo que Alejandro se sintiera enorme.

5. Según Alejandro, ¿cómo se conecta toda la vida en el bosque?
    A) Todo está siendo demolido por excavadoras.
    B) Todo es un juego justo para los cazadores.
    C) Es todo un ecosistema que vive en armonía pacífica.
    D) Todo es bueno para aliviar su estrés y ansiedad.

English Translation

To relieve some of the stress and anxiety he had been accumulating for quite some time, Alejandro set off on a nature walk. He heard that spending a day or two in the mountains would do wonders for him and his mental health. The isolation would give his mind time and space to detox and refresh. Animals would be his only companions during the walk.

His house was located in an apartment complex, so it was pretty rare to see any wildlife besides the occasional squirrel. Groundhogs and foxes were even rarer sights. Because he spent all his time indoors, he mostly saw spiders and house centipedes. He was not particularly fond of the latter.

It was not too long of a drive to reach the mountains since the town he lived in was near a mountain range. Upon parking and exiting his vehicle, he was immediately greeted by a few deer grazing in an open field. They slowly picked at the grass and wagged their tails, not paying much attention to Alejandro. Then, suddenly, a large booming sound from far away caused them to scatter frantically. It was the sound of a gunshot. Hunting season must have started.

Alejandro was unsure where to begin hiking, but his question was answered when he saw some other hikers walking towards an opening in the forest. And what a beautiful forest it was! The evergreen trees and sun shining through them made for some breathtaking scenery. The lake added to the vastness of the place, and a feeling of smallness struck Alejandro from deep within.

He could see the life flowing through every little bush, insect, and bird he came across. A peaceful harmony could be felt in the air. Sure, there were bears and mountain lions far up somewhere in the mountains, but they too were part of the ecosystem that connected all life in the forest. The frogs on the lakeshore had just as much life as the beavers building dams. They may be different creatures, but they were both small fragments from the same world. They were made from the same chemical elements found scattered throughout the universe.

As the sun was setting, it became less and less safe to remain in the forest. It would be better to avoid nighttime predators, so Alejandro hiked back to his car. Exhausted from the journey, he sat in his car wondering about the next time he would come back. There would definitely be a next time, and it would definitely have to be with Sofía.

CAPÍTULO SIETE: PUEBLO Y CIUDAD

Antes de su gran cita con Sofía, Alejandro tenía que hacer algunos **encargos** para **asegurarse** de que todo estuviera listo. En primer lugar, necesitaba ir al **banco** para **retirar suficiente dinero**, que le **alcanzara** para el día **ajetreado** que **se avecinaba**. En el camino al banco, se detuvo en su **cafetería** favorita para comprar algo de **cafeína**, muy necesaria para comenzar el día.

Luego, tuvo que dirigirse a la **oficina de correos** y dejar un **correo** que estaba **atrasado**. Después de eso, fue al **centro comercial** a buscar un nuevo **atuendo** para usar ese día. Estuvo en dos **tiendas de ropa** e incluso tuvo tiempo suficiente para hacerse un nuevo **corte de cabello** en la **barbería**.

A las 2:00 pm, Alejandro y Sofía se encontraron para hacer un **recorrido** por la ciudad. Comenzaron caminando por el **parque** para **ponerse al día** con lo que había sucedido durante la semana. Dentro del parque había una gran plaza donde la **pareja** encontró un pequeño **concierto** de una banda de rock. Después de escuchar algunas **canciones**, dejaron el parque y se dirigieron hacia un **parque de diversiones** local.

Debido a un gran accidente, el parque de diversiones estaba cerrado, así que, como plan alternativo, la pareja decidió ir a **cine**. **Por suerte** para Sofía, esa tarde pudieron encontrar una película de terror. Tenían una hora de espera para entrar a ver la película, de modo que tomaron una cena temprano en un restaurante **cercano** con el tiempo suficiente para regresar al cine. La película resultó ser bastante **genérica** y **predecible**, pero hubo escenas que los hicieron **saltar del susto**, haciendo que tanto Alejandro como Sofía se sintieran realmente bien.

Cuando llegó la noche, la pareja tuvo la sensación de no querer quedarse fuera, en la ciudad, hasta demasiado tarde, pero **acordaron** tomar una **bebida** en un bar **único** que encontraron buscando con sus **teléfonos inteligentes**. Tenía un **tema** de **castillo medieval** y estaba **decorado** con **pancartas**, **armaduras** y sillas que parecían **tronos**. Tuvieron la oportunidad de conversar y junto con ello vino más bebida.

¡Ahora ambos estaban demasiado **ebrios** para regresar a casa **sanos y salvos**! No sintiéndose con **ganas** de ir a **discotecas**, esperaron dos horas para estar **sobrios** y recuperarse antes de conducir a casa. Llamar un taxi era una opción loca y costosa, y esperar no fue tan difícil. Para pasar el tiempo, caminaron por el **paseo marítimo** y se detuvieron en una tienda para tomar un **refrigerio** rápido.

Alejandro y Sofía habían disfrutado mucho de estar juntos, por lo que las horas pasaron más rápido de lo **esperado**, y había llegado la hora de **separarse**. Un **breve beso** fue compartido junto con un par de **sonrisas pícaras**, y eso fue todo antes de que ambos regresaran a casa.

Vocabulario

- **pueblo y cuidad** --- town and city
- **encargo** --- errand
- **asegurarse** --- to make sure
- **banco** --- bank
- **retirar dinero** --- to withdraw money
- **alcanzar** --- to be enough
- **ajetreado** --- busy
- **avecinarse** --- to come near, to approach
- **cafetería** --- coffee shop
- **cafeína** --- caffeine
- **oficina de correos** --- post office
- **correo** --- mail
- **atrasado** --- overdue
- **centro comercial** --- mall
- **atuendo** --- attire
- **tienda de ropa** --- clothing store
- **corte de cabello** --- haircut
- **barbería** --- barber shop
- **recorrido** --- tour
- **parque** --- park

- **ponerse al día** --- to catch up, to get up to date
- **pareja** --- couple
- **concierto** --- concert
- **cancion** --- song
- **parque de diversiones** --- amusement park
- **cine** --- movie theater
- **por suerte** --- luckily
- **cercano** --- nearby
- **genérico** --- generic
- **predecible** --- predictable
- **saltar del susto** --- jump scare
- **acordar** --- to agree
- **bebida** --- drink, beverage
- **único** --- unique
- **teléfono inteligente** --- smartphone
- **tema** --- theme
- **castillo medieval** --- medieval castle
- **decorado** --- decorated
- **pancarta** --- banner
- **armadura** --- armor, suit of armor
- **trono** --- throne

- **ebrio** --- intoxicated
- **sano y salvo** --- safe and sound
- **ganas** --- desire
- **discoteca** --- nightclub
- **sobrio** --- sober
- **paseo marítimo** --- boardwalk
- **refrigerio** --- snack
- **esperado** --- expected
- **separarse** --- to part ways
- **breve beso** --- brief kiss
- **sonrisa pícara** --- cheeky smile

Preguntas de comprensión

1. Cuando usted pone dinero en su cuenta bancaria, se llama...
    A) retiro.
    B) comprobar saldo.
    C) abrir una cuenta.
    D) depósito.

2. ¿Qué hizo Alejandro en el centro comercial?
    A) Jugó videojuegos en la sala de juegos.
    B) Salió con amigos a comprar ropa.
    C) Compró ropa y se cortó el pelo.
    D) Se cortó el pelo y almorzó en la plaza de comidas.

3. ¿Hacia dónde se dirigieron Alejandro y Sofía inmediatamente después de abandonar el parque?
    A) Al parque de diversiones
    B) A casa
    C) Al cine
    D) A un restaurante

4. ¿Cómo se enteró la pareja sobre el bar de temática medieval?
    A) Caminaron buscando un bar.
    B) Un amigo común se lo recomendó.
    C) Buscaron bares cercanos usando sus teléfonos inteligentes.
    D) Vieron un anuncio del bar.

5. Si usted está ebrio, entonces no es seguro...
    A) beber más.
    B) conducir un coche.
    C) hablar por teléfono.
    D) caminar en público.

English Translation

Before his big date with Sofía today, Alejandro had a few errands to run to make sure everything was ready. First of all, a trip to the bank was needed, so he could withdraw enough cash for the busy day ahead. Along the way to the bank, he stopped by his favorite coffee shop to pick up some much needed caffeine to jump-start the day.

Next, he had to make a run to the post office and drop off some mail that was overdue and nearly late. After that, it was off to the mall to find a new outfit to wear on today's date. He perused two clothing stores and even had enough time to get himself a new haircut at the barber shop.

At 2:00 pm, Alejandro and Sofía met up, ready to take a tour around town. They started by walking around the park, catching up on what happened with each other during the week. Inside the park was a large plaza, where the couple found a small concert by a rock band. After hearing a few songs, they left the park and drove towards a local amusement park.

Due to a large accident, the amusement park had to be shut down, so as a back-up plan, the couple decided to go to the movie theater instead. To Sofía's luck, they were able to find a horror movie playing that week. It would be an hour-long wait for the movie, so they grabbed an early dinner at a nearby restaurant with just enough time to make it back to the theater. The movie turned out to be fairly generic and predictable, but there was one jumpscare that got both Alejandro and Sofía really, really good.

As the evening came, the couple had a mutual feeling of not wanting to stay out too late in the city, but they agreed to have one drink at a unique bar they found searching on their smartphones. It had a medieval castle theme and was decorated with banners, suits of armor, and chairs that looked like thrones. The conversation picked up between the two and along with it came more drinking.

Now they were both too intoxicated to drive home safely! Not feeling up for a night of clubbing, they would wait two hours to sober up before driving home. Calling a taxi would be a crazy expensive option, and it wasn't all that much of a wait to begin with. To pass the time, they walked along the boardwalk and stopped by the convenience store for a quick snack.

Alejandro and Sofía thoroughly enjoyed each other's presence, so the hours passed quicker than expected, but it was time to part ways. A brief kiss was shared, along with a couple of cheeky smiles, and that was it before they both drove home.

CAPÍTULO OCHO: QUEDARSE EN CASA

Era domingo en la tarde. Alejandro no tenía ningún plan en particular, por lo que se permitió recuperar el sueño que había perdido durante la semana. Sin embargo, no sería un día de **ocio** total, ya que tenía que hacer varias **tareas domésticas**.

Quizás lo más importante de todo eran las **facturas no pagadas** que debía revisar. La **vivienda** no es gratis después de todo. El **alquiler**, la electricidad, el agua, internet, los **préstamos estudiantiles** y los planes de teléfono tenían **pagos vencidos**. Sin embargo, gracias a la tecnología, todo esto se puede pagar **en línea** sin salir de casa.

Luego, la ropa se había **acumulado** durante la semana y algunos **lavados** serían necesarios para la próxima semana. Él nunca **se molestaba** en **clasificar** su ropa en blanca, oscura y de colores, así que en lugar de eso solo ponía la mayor cantidad de carga posible, **vertía** un poco de detergente para la ropa y **suavizante de telas** y ponía a **funcionar** la **lavadora**.

Mientras esperaba que cada carga de ropa terminara, pensó que se mantendría productivo **lavando los platos** y **aspirando la casa**. La casa de Alejandro de ninguna manera estaba **impecable**, pero él hacía un poco cada semana para mantenerla presentable. Para esta semana, haría algo de trabajo extra en la **cocina**. Limpió la **nevera tirando** los **alimentos vencidos**. También **frotó los mostradores** con desinfectante y **retiró** todas las **migajas de**

comida del **piso**. Y terminó **barriendo el suelo** con su **escoba** y su **recogedor**. La **limpieza** podría esperar otro fin de semana, pensó.

Alejandro estaba más interesado en pasar el resto de su día en la **computadora** jugando videojuegos. Era **fanático** de los juegos de **estrategia** y podía pasar horas **creando** nuevas estrategias para probar contra sus amigos en línea e incluso en **juegos de un solo jugador**. Cuando necesitaba un **descanso**, de vez en cuando se levantaba para estirarse rápidamente, **miraba por las ventanas**, **calentaba** algo de comida en el microondas y se sentaba de nuevo para seguir jugando.

Después de pasar demasiadas horas frente a la computadora, **se produjo** una pequeña crisis existencial. ¿Fue realmente **sabio** pasar tanto tiempo jugando cuando podría haber hecho algo más **significativo**? Claro, había videos que podía ver en línea, ¿pero eso sería diferente? Entonces, recogió los **auriculares** en su **habitación** y comenzó a escuchar algunos de los audiolibros que le **recomendó** Sofía.

Al escuchar el libro, al instante sintió que estaba haciendo lo correcto con su tiempo e incluso tuvo la oportunidad de **reflexionar** un poco. Mientras seguía escuchando, **vagaba** por la casa. Abrió y cerró las puertas de su **armario** sin ninguna **razón** en particular. Puso su mano en el sofá y dejó que **se deslizara** mientras caminaba. No había mesa en el **comedor** para **repetir** esta **acción**, ya que vivía solo y **acostumbraba** a comer en la cocina o en el **balcón**.

Antes de que se diera cuenta, eran las 10:00 pm. Era **hora de acostarse**. Si bien no terminó el audiolibro, **ciertamente** tenía algo nuevo de lo cual hablar el próximo fin de semana cuando fuera a una **reunión familiar**. Incluso podría llevar a Sofía y presentarla como la persona que le habló del libro.

Vocabulario

- **quedarse en casa** --- to stay at home
- **ocio** --- leisure, idleness
- **tarea doméstica** --- household chore
- **factura no pagada** --- unpaid bill
- **vivienda** --- housing
- **alquiler** --- rent
- **préstamo estudiantil** --- student loan
- **pago vencido** --- overdue payment
- **en línea** --- online
- **acumular** --- to accumulate, to pile up
- **lavado** --- laundry
- **molestarse** --- to bother, to trouble oneself
- **clasificar** --- to sort
- **verter** --- to pour
- **suavizante de tela** --- fabric softener
- **funcionar** --- to run, to function
- **lavadora** --- laundry machine
- **lavar los platos** --- to wash the dishes
- **aspirar la casa** --- to vacuum the house
- **impecable** --- spotless, impeccable

- **cocina** --- kitchen
- **nevera** --- fridge
- **tirar** --- to throw away
- **alimentos vencidos** --- expired food
- **frotar el mostrador** --- to scrub the counter
- **retirar** --- to remove
- **migaja de comida** --- food crumb
- **piso** --- floor
- **barrer el suelo** --- to sweep the floor
- **escoba** --- broom
- **recogedor** --- dustpan
- **limpieza** --- cleansing, sanitizing
- **computador** --- computer
- **fanático** --- fan
- **estrategia** --- strategy
- **crear** --- to create
- **juego de un solo jugador** --- single player game
- **descanso** --- break, rest
- **mirar por la ventana** --- to peer out the window
- **calentar** --- to heat up
- **producirse** --- to take place, to occur

- **sabio** --- wise
- **significativo** --- meaningful
- **auriculares** --- headphones
- **habitación** --- bedroom
- **recomendar** --- to recommend
- **reflexionar** --- to reflect on
- **vagar** --- to wander (around)
- **armario** --- closet
- **razón** --- reason
- **deslizarse** --- to glide
- **comedor** --- dining room
- **repetir** --- to repeat
- **acción** --- action
- **acostumbrar** --- to be used to
- **balcón** --- balcony
- **hora de acostarse** --- bedtime
- **ciertamente** --- certainly
- **reunión familiar** --- family gathering

Preguntas de comprensión

1. Si alguien necesita dormir, significa que...
    A) ha estado durmiendo demasiado.
    B) ha estado durmiendo muy poco.
    C) le gusta dormir.
    D) tiene problemas para conciliar el sueño.

2. ¿Cuál de los siguientes no se considera un servicio público para una vivienda?
    A) Préstamos estudiantiles
    B) Agua
    C) Electricidad
    D) Internet

3. Al limpiar la cocina, Alejandro no...
    A) frotó la encimera con desinfectante.
    B) tiró los alimentos vencidos.
    C) trapeó el piso.
    D) barrió el piso con su escoba y recogedor.

4. ¿Cuál es generalmente la forma más rápida de cocinar los alimentos?
    A) En la estufa
    B) En el microondas
    C) En el horno
    D) En el horno tostador

5. ¿Dónde encontró Alejandro sus auriculares?
    A) En su habitación
    B) En su armario
    C) En la lavadora
    D) En la sala de estar

English Translation

It was a Sunday afternoon. Alejandro had no particular plans, so he slept in and allowed himself to catch up on sleep he had missed during the week. It would not be a completely lazy day though, for he had a number of household chores to do.

Perhaps most important of all were the unpaid bills that needed to be taken care of. Housing isn't free, after all. Rent, electricity, water, internet, student loans, and phone plans all have payments due. Thanks to technology, however, all of these can be paid online without leaving the house.

Next, the laundry had piled up over the week, and a few loads would be necessary for the upcoming week. He never bothered to sort his laundry into whites, darks, and colors; instead, he would just throw as much as he could in each load, pour in some laundry detergent and fabric softener, and run the laundry machine.

While he waited for each load to finish, he figured he would stay productive by doing the dishes and vacuuming the house. Alejandro's house was by no means spotless, but he did just a little bit each week to maintain what he could. This week, he would do some extra work in the kitchen. He cleaned out the fridge by throwing away expired foods. He also scrubbed the counters with disinfectant and brushed off all food crumbs to the floor. And he finished by sweeping the floor with his broom and dustpan. Mopping could wait another week, he thought.

Alejandro was more interested in spending the rest of his day at the computer playing video games. He was a fan of strategy games and could spend hours coming up with new strategies to try out against his friends online and even in single player games. When he needed a break, he would occasionally get up for a quick stretch, peer out the windows, heat up some food in the microwave, and sit back down for more gaming.

After spending too many hours in front of the computer, a small existential crisis would occur. Was it really all that wise to spend so much time gaming when it could be used for something more meaningful? Sure, there were videos he could watch online, but would that be any different? And so, he picked up the headphones in his bedroom and started to listen to some of the audiobook recommended to him by Sofía.

Listening to the book instantly felt like the right use of his time and even opened up the opportunity for some self-reflection. As he kept listening, he wandered around his house. He opened and closed his closet doors for no particular reason. He put his hand on the couch and let it glide over as he walked across. There was no dining room table to repeat this action, as he lived by himself and usually ate in the kitchen or out on the balcony.

Before he knew it, it was 10:00 pm. It was time for bed. While he didn't finish the audiobook, he certainly had something new to talk about next weekend when he would go to the family gathering. He could even bring Sofía and introduce her as the one who introduced him to the book.

CAPÍTULO NUEVE: LA FAMILIA Y LAS OCUPACIONES

Sofía **aceptó** con gusto **acompañar** a Alejandro a su reunión familiar el fin de semana siguiente. Ahora eran **oficialmente** una pareja y sería un buen momento para presentarla a su **madre**, su **padre** y sus **hermanos**.

En la reunión estaba presente el **tío** de Alejandro, llamado Miguel. Miguel era un **ingeniero mecánico** que trabajaba con todo tipo de **máquinas, incluyendo turbinas de vapor y gas** y **generadores eléctricos**. Era un hombre extremadamente inteligente que dio **orientación** a Alejandro en sus años de **juventud**.

Mientras conversaba con su tío, **observaba** a sus dos **primos**, Eduardo y Elena, en el **fondo**. Los tres salían con bastante frecuencia de **niños** y compartían muchos **recuerdos de infancia**. Desgraciadamente, se fueron separando a medida que pasaban los años y perdieron contacto cuando entraron atrabajar. Eduardo llegó a **ocupar un puesto** como administrador en una **tienda minorista**. Y Elena era una **peluquera** de **medio tiempo**, pero madre de **tiempo completo**.

Sofía estaba **obviamente abrumada** por todas las caras nuevas, pero pudo llegar a conocer al menos a una persona en el evento. Esta persona era la **cuñada** de Alejandro, Andrea. Desde el primer momento, las dos **congeniaron** y **establecieron** una **relación instantánea**. Sofía era **periodista de oficio** y Andrea era **escritora** de un programa de televisión que era **producido** por la misma **compañía de medios** en la que las dos trabajaban. Si bien se habían visto antes en la oficina, nunca se habían conocido hasta ahora.

Al final, había demasiada gente para que Sofía conociera e incluso para que Alejandro hiciera contacto. **Saludaron brevemente** a su **abuela** y a sus **tías**, pero nunca tuvieron la oportunidad de saludar a sus **sobrinas** y **sobrinos**. Todos los niños estaban ocupados jugando juntos en el **patio trasero**.

La familia pudo **tomar una foto grupal** que incluía a Sofía, quien fue invitada a **participar**. Todos los años, el padre de Alejandro es quien tiene la tarea de tomar la mejor foto familiar. Dejarle la tarea tiene sentido ya que es un **fotógrafo** profesional.

El sol comenzó a ponerse y se hizo tarde. Cuando todos se iban, Alejandro tuvo una vez más la oportunidad de hablar con su tío Miguel. **Expresó** su **preocupación** por el **agotamiento** que estaba experimentando en su trabajo actual en la compañía de seguros y que estaba considerando algunos otros caminos que pudiera tomar. El tío Miguel le **aconsejó** que, aunque no tuviera la **seguridad** de dónde quería trabajar en el futuro, definitivamente debería comenzar a tomar clases **lo antes posible**. Esperar para comenzar era lo peor que podía hacer.

Vocabulario

- **la familia y las ocupaciones** --- family and occupations
- **aceptar** --- to accept
- **acompañar** --- to accompany
- **oficialmente** --- officially
- **madre** --- mother
- **padre** --- father
- **hermano** --- brother
- **tío** --- uncle
- **ingeniero mecánico** --- mechanical engineer
- **máquina** --- machine
- **turbina de vapor y gas** --- steam and gas turbine
- **incluir** --- to include
- **generador eléctrico** --- electric generator
- **orientación** --- guidance
- **juventud** --- youth
- **primo** --- cousin
- **observar** --- to see, to observe
- **fondo** --- background
- **niño** --- kid
- **recuerdo de infancia** --- childhood memory

- **ocupar un puesto** --- to take up a job
- **tienda minorista** --- retail store
- **peluquero** --- hairdresser
- **medio tiempo** --- part-time
- **tiempo completo** --- full-time
- **obviamente** --- obviously
- **abrumado** --- overwhelmed
- **cuñada** --- sister-in-law
- **congeniar** --- to get along, to hit it off
- **entablar** --- to establish
- **relación instantánea** --- instant rapport
- **periodista** --- journalist
- **de oficio** --- by trade
- **escritor** --- writer
- **producir** --- to produce
- **compañía de medios** --- media company
- **saludar** --- to greet
- **brevemente** --- briefly
- **abuela** --- grandmother
- **tía** --- aunt
- **sobrina** --- niece

- **sobrino** --- nephew
- **patio trasero** --- backyard
- **tomar una foto** --- to take a photo
- **grupal** --- group
- **participar** --- to participate
- **fotógrafo** --- photographer
- **expresar** --- to express
- **preocupación** --- worry, concern
- **agotamiento** --- burnout
- **aconsejar** --- to advise
- **seguridad** --- certainty, security
- **lo antes posible** --- as soon as possible

Preguntas de comprensión

1. ¿Cuál es la profesión del tío de Alejandro?
    A) Ingeniero electricista
    B) Ingeniero civil
    C) Ingeniero químico
    D) Ingeniero mecánico

2. Los padres de Eduardo y Elena, ¿qué parentesco tienen con Alejandro?
    A) Abuelo y abuela
    B) Madre y padre
    C) Tía y tío
    D) Hermano y hermana

3. ¿La cuñada de Alejandro con quién está casada?
    A) Su hermano
    B) Su padre
    C) Su primo
    D) Su jefe

4. ¿Dónde estaban jugando los niños durante la reunión familiar?
    A) En la escuela
    B) En la casa
    C) En el patio trasero
    D) En la sala de juguetes

5. Cuando usted está altamente calificado para hacer un trabajo, lo llaman…
    A) aficionado.
    B) trabajador.
    C) un ocupado.
    D) un profesional.

Spanish Short Stories for Beginners and Intermediate Learners

English Translation

Sofía happily agreed to accompany Alejandro on his visit to his family gathering the following weekend. They were now officially a couple, and it would be a good time to introduce her to his mother, father, and brothers.

Also at the get-together was Alejandro's uncle, named Miguel. Miguel was a mechanical engineer, who worked on all kinds of machines, including steam and gas turbines and electric generators. He was an extremely intelligent man, who helped guide Alejandro in his younger years.

While chatting with his uncle, he noticed his two cousins Eduardo and Elena in the background. The three of them hung out quite frequently as kids and shared a lot of childhood memories. They grew apart as they got older, unfortunately, and lost contact with one another as they entered the workforce. Eduardo ended up working his way up to a management position at a retail store. And Elena was a part-time hairdresser but a full-time mom.

Sofía was obviously overwhelmed by all the new faces, but she was able to get to know at least one person at the event. This person was Alejandro's sister-in-law Andrea. From the very get-go, the two hit it off and established an instant rapport. Sofía was a journalist by trade, and Andrea was a writer for a TV show that was produced by the same media company they both worked for. While they had seen each other around the office, they had never met until now.

In the end, there were just too many people for Sofía to meet and even for Alejandro to catch up with. They briefly said hello to his grandmother and aunts, but they never got the chance to greet his nieces and nephews. All the kids were busy playing together in the backyard.

The family was able to take a group photo, which included Sofía, who was invited to join in. Every year, it's Alejandro's dad who is given the task to create the best family photo possible. Leaving the task to him makes sense, given that he's a professional photographer.

The sun started going down, and the day was growing late. As everyone was leaving, Alejandro had another opportunity to speak with his Uncle Miguel. He voiced his concerns about burning out at his current job at the insurance company and was considering a few possible paths he could take. Uncle Miguel advised him that, even though he's not sure where he wants to work in the future, he should definitely start taking classes as soon as possible. Waiting to start was the worst thing he could possibly do.

CAPÍTULO DIEZ: EDUCACIÓN

Con un trabajo de tiempo completo y **novia**, el **horario** de Alejandro estaba bastante **apretado**. Pero, con la idea de tener un mejor futuro, **se inscribió** en un **programa de posgrado** en **economía** en una **universidad** local. Alejandro ya había completado un **programa de pregrado** y **se había graduado** con una **licenciatura** en **filosofía**, pero como la mayoría de los **títulos de artes liberales**, no era la mejor opción para buscar **empleo** y comenzar una **carrera**.

Esta vez sería diferente. Con mucha más **experiencia** y **sabiduría**, esta oportunidad de continuar su educación no sería una pérdida de tiempo. Un programa de posgrado en economía era un **desafío** formidable, pero si **tenía éxito**, la **recompensa** sería grande. Las clases que había tomado en el **colegio comunitario** eran **pan comido** en comparación con esto. **Requeriría** de estudio intenso y **perseverancia**.

Los libros de texto con frecuencia **demostraban** ser mucho más **útiles** que las propias **conferencias**. Algunos de los profesores con los que había hablado tenían una **charla interminable**, era increíblemente difícil mantener la concentración en la clase. Podía pasar la **mitad** del tiempo leyendo capítulos del libro y obteniendo el **doble** de información de la que recibía en el **aula**. Sin embargo, los **maestros auxiliares** eran de gran ayuda, ya que podían **explicar** conceptos **complejos** utilizando un **lenguaje** muy básico.

Para que la información realmente se entendiera, era necesario realizar un trabajo **serio** fuera del aula. Los **grupos de estudio** organizados por los estudiantes eran fundamentales para **proporcionarle** a Alejandro la motivación y el **impulso** necesarios para **desempeñarse** bien en el **curso**. En los grupos, los estudiantes compartían las **notas** que tomaban en clase y revisaban la información que creían **aparecería** en los exámenes. Sin embargo, no todo ese tiempo se tomaba con **seriedad**, ya que había múltiples descansos en los que charlaban como una manera de **descargar** el estrés y la frustración acumulados.

Los exámenes finales del primer año **se acercaban** y el aula se llenó de ansiedad durante las últimas conferencias. En la **prueba** solo se incluirían **preguntas de redacción** y no habría opción múltiple. **Quemarse las pestañas** estudiando no iba a llevarlo a ninguna parte en esta prueba. Tenía que conocer la información para obtener una buena **calificación**. Alejandro y todos sus **compañeros de clase** pagaron altos **valores de matrícula**, pero no todos pasarían el examen. Serían aquellos que **asistieron** a las conferencias, **participaron** en los grupos de estudio y leyeron **extensamente** los que **aprobarían** con altas calificaciones.

Era como aprender un **idioma extranjero**. Aquellos que lo hacen mejor son los que **se sumergen** en la lengua extranjera. Leen lo que más pueden en ese idioma y, cuando ya no pueden leer, pasan todo su tiempo libre escuchando en ese idioma. La **inmersión** tiene **prioridad** sobre sus antiguas aficiones y **estilos de vida**. Así es como logran altos niveles de **fluidez**.

La pregunta no es si Alejandro aprobó o no el examen final. La verdadera pregunta es si hará o no lo que sea necesario para lograr la fluidez.

¡Feliz estudio! ¡Y gracias por leer!

Vocabulario

- **educación** --- education
- **novia** --- girlfriend
- **horario** --- schedule
- **apretado** --- tight
- **inscribirse** --- to enroll
- **programa de posgrado** --- graduate program
- **economía** --- economics
- **universidad** --- university
- **programa de pregrado** --- undergraduate program
- **graduarse** --- to graduate
- **licenciatura** --- bachelor's degree
- **filosofía** --- philosophy
- **título de artes liberales** --- liberal arts degree
- **empleo** --- employment
- **carrera** --- career
- **experiencia** --- experience
- **sabiduría** --- wisdom
- **desafío** --- challenge
- **tener éxito** --- to be successful
- **recompensa** --- reward

- **colegio comunitario** --- community college
- **pan comido** --- cakewalk, easy peasy
- **requerir** --- to require
- **perseverancia** --- perseverance
- **demostrar** --- to prove, to demonstrate
- **útil** --- useful
- **conferencia** --- lecture
- **charla interminable** --- endless lecture, endless chatter
- **mitad** --- half
- **doble** --- double
- **aula** --- lecture hall
- **maestro auxiliar** --- teacher assistant
- **explicar** --- to explain
- **complejo** --- complex
- **lenguaje** --- language
- **serio** --- serious
- **grupo de estudio** --- study group
- **proporcionar** --- to provide
- **impulso** --- drive, momentum
- **desempeñarse** --- to perform, to do
- **curso** --- course

- **nota** --- note
- **aparecer** --- to appear, to turn up
- **seriedad** --- seriousness
- **descargar** --- to vent, to unload
- **acercarse** --- to approach
- **prueba** --- test
- **pregunta de redacción** --- essay question
- **quemarse las pestañas** --- to cram
- **calificación** --- grade, mark
- **compañero de clase** --- classmate
- **valor de matrícula** --- tuition fee
- **asistir** --- to attend
- **participar** --- to participate
- **extensamente** --- extensively
- **aprobar** --- to pass
- **idioma extranjero** --- foreign language
- **sumergirse** --- to immerse oneself
- **inmersión** --- immersion
- **prioridad** --- priority
- **estilo de vida** --- lifestyle
- **fluidez** --- fluency

Preguntas de comprensión

1. ¿Dónde toma Alejandro clases de economía?
    A) A través de un programa en línea
    B) En una universidad local
    C) En un colegio comunitario
    D) A través de un tutor

2. Cuando decimos que un desafío es formidable, queremos decir que es...
    A) fácil.
    B) imposible.
    C) intimidante.
    D) posible.

3. ¿Cuál era el problema con las conferencias?
    A) Las clases tenían lugar a altas horas de la noche.
    B) Los amigos de Alejandro estaban hablando durante la clase.
    C) Las explicaciones del profesor eran demasiado complicadas.
    D) Al profesor no le gustaban los alumnos.

4. ¿Quién organizaba los grupos de estudio?
    A) Los alumnos
    B) Los auxiliares del profesor
    C) Alejandro
    D) El profesor

5. ¿Qué tipo de prueba fue el examen final?
   A) Todo opciones múltiples
   B) Una mezcla entre preguntas de opción múltiple y de redacción
   C) Una mezcla entre quemarse las pestañas y altas tasas de matrícula
   D) Solo preguntas de redacción

English Translation

With a full-time job and a girlfriend, Alejandro's schedule was pretty tightly packed. But for the sake of a better future, he enrolled in a graduate program for economics at his local university. Alejandro had already completed an undergraduate program and graduated with a bachelor's degree in philosophy, yet like most liberal arts degrees, it was not the greatest choice for seeking employment and starting a career.

This time would be different. With much more experience and wisdom, this opportunity to further his education would not go wasted. A graduate program in economics was going to be a formidable challenge, but if he succeeded, the rewards would be great. The classes he took at community college would be a cakewalk compared to this. Intense study and perseverance would be required.

The textbooks would often prove to be much more useful than the lectures. Some of the professors he had talked with such long-winded delivery that it was incredibly difficult to maintain focus in class. He could spend half the time reading chapters from the book and come away with double the information he got in the lecture hall. The teacher assistants, however, were most helpful, as they could explain complex concepts using very basic language.

To make the information stick, serious work was needed to be done outside the classroom. Study groups organized by students were instrumental in providing Alejandro the motivation and drive required to do well in the course. In the groups, students shared the notes they took in class and reviewed the information they thought would appear on the exams. Not all this time was serious though, as there were multiple breaks where chit-chat was encouraged as a means to vent built-up stress and frustration.

Finals for the first year were approaching, and anxiety filled the classroom during the last few lectures. On the test would be essay questions only; there would be no multiple choice. Cramming wasn't going to get you anywhere on this test. You had to know the information in order to get a good grade. Alejandro and all his classmates paid hefty tuition fees, but not all would pass the test. It would be those who attended the lectures, participated in the study groups, and read extensively that would pass with high marks.

It was very much like learning a foreign language. Those who do the best are those who immerse themselves in the foreign language. They read as much as possible in the target language, and when they can no longer read, they spend all their free time listening to the target language. Immersion takes precedence over their old hobbies and lifestyles. That's how they achieve high levels of fluency.

The question is not whether or not Alejandro passed the final exam. The true question is whether or not you will do what it takes in order to achieve fluency.

Happy studying! And thank you for reading!

ABOUT THE AUTHOR

Language Guru is a brand created by a hardcore language enthusiast with a passion for creating simple but great products. They work with a large team of native speakers from across the world to make sure each product is the absolute best quality it can be.

Each product and new edition represents the opportunity to surpass themselves and previous works. The key to achieving this has always been to work from the perspective of the learner.

DID YOU ENJOY THE READ?

Thank you so much for taking the time to read our book! We hope you have enjoyed it and learned tons of vocabulary in the process.

If you would like to support our work, please consider writing a customer review on Amazon. It would mean the world to us!

We read each and every single review posted, and we use all the feedback we receive to write even better books.

ANSWER KEY

Chapter 1:
1) D
2) B
3) B
4) B
5) A

Chapter 2:
1) C
2) D
3) B
4) C
5) C

Chapter 3:
1) B
2) C
3) A
4) D
5) B

Chapter 4:
1) D
2) B
3) A
4) C
5) C

Chapter 5:
1) D
2) C
3) A
4) D
5) B

Chapter 6:
1) D
2) B
3) B
4) A
5) C

Chapter 7:
1) D
2) C
3) A
4) C
5) B

Chapter 8:
1) B
2) A
3) C
4) B
5) A

Chapter 9:
1) D
2) C
3) A
4) C
5) D

Chapter 10:
1) B
2) C
3) C
4) A
5) D

www.ingramcontent.com/pod-product-compliance
Lightning Source LLC
Chambersburg PA
CBHW030531080526
44586CB00011B/394